RELATION

DE L'ARRIVÉE ET DU SÉJOUR

DE

MONSEIGNEUR MENJAUD,

ÉVÊQUE DE JOPPÉ,

COADJUTEUR DE NANCY ET DE TOUL,

A CHUSCLAN

(GARD)

> « Quàm [illegible] pàix annonçans et
> » predican[illegible] . . . . dominus Sion, regnabit
> » Deus tuus! »
>
> « Qu'ils sont beaux les pieds de ces hommes
> » qu'on voit arriver du haut des montagnes,
> » apporter la paix . . . . et dire : O Sion ! ton
> » Dieu régnera sur toi ! »
>
> ISAÏE, chap. 3. 7.

NISMES,

IMPRIMERIE BALLIVET ET FABRE,

Rue de l'Hôtel-de-Ville, [illegible]

1841.

RELATION

DE L'ARRIVÉE ET DU SÉJOUR

DE

MONSEIGNEUR MENJAUD,

à Chusclan.

Il vient de se passer, dans la commune de Chusclan, une de ces scènes attendrissantes qui laissent de longs et durables souvenirs, et dont nous avons eu le bonheur d'être l'obscur témoin.

Monseigneur Menjaud, évêque de Joppé, coadjuteur de Nancy et de Toul, qui a fait jouir de sa présence plusieurs villes de notre département, avait gardé pour dernier objet de sa visite pastorale cet humble hameau qui lui est cher à tant de titres (1); il n'était pas indigne de cette flatteuse prédilection, ce village qui le vit naître, où reposent les ossemens d'un père et d'une mère morts trop tôt pour assister à sa gloire, et dont les habitans sont ses plus fidèles amis et ses plus sincères admirateurs.

Samedi, 25 septembre, à cinq heures du soir, Monseigneur est arrivé sur la rive droite de la Cèze et s'est reposé quelques

_____

(1) *Diligit enim gentem nostram.* Luc. c. 7, v. 15.

instans dans la maison de M. de Giry , dont il est tendrement affectionné. Avant d'entrer dans le bac , Monseigneur a pu, d'un coup d'œil, embrasser le ravissant paysage qui s'offrait à ses regards : le couchant dorait la plage de ses derniers rayons , les bords si pittoresques de la rivière étaient, sur un plan incliné, animés par les populations voisines qu'avait attirées ce spectacle ; des embarcations légères décrivaient sur l'eau des courbes gracieuses ; le bateau d'honneur, entouré de guirlandes et de banderoles , semblait fier de recevoir un passager si illustre. M. Corrieux , notre digne curé , saisissant avec habileté le moment où Monseigneur sentait se mouiller ses paupières , entrant pour ainsi dire dans son émotion , lui a adressé, sous le dais, une allocution touchante que nous nous félicitons de pouvoir reproduire en entier.

« MONSEIGNEUR ,

» Notre cœur a tressailli de joie à la nouvelle agréable que vous veniez apporter les bénédiction du ciel sur l'humble terre qui fut votre berceau. Tous se sont empressés , car la haute position que vos vertus et vos mérites vous ont faite , nous honore tous , Monseigneur. La gloire qui rayonne au front d'un Pontife jette aussi sur ceux qui sont nés, comme lui, au sein de la même patrie , un reflet de lumière qui flatte et qui enorgueillit.

» Pasteur de ce peuple que vous connaissez si bien , et qui, comme le peuple lorrain , veut être aussi le vôtre, je viens déposer aux pieds de Votre Grandeur les hommages de son profond respect , l'expression de sa juste vénération. Organe auprès de vous de ses vœux et de ses sentimens , je viens aussi demander et pour le peuple et pour le pasteur le concours de ce pouvoir divin que vous possédez pour le salut des âmes, et dont les insignes apparaissent devant nous si radieux et si vénérables.

» Jamais, aux yeux de cette population, n'avait brillé sur votre poitrine la croix du Pontife ; car le caractère sacré n'était point encore imprimé à votre front lorsque vous descendiez autrefois sur les bords de la rivière qui baigne nos campagnes.

» Maintenant, Évêque de Dieu, vous venez à nous resplendissant de gloire et d'honneur ; mais vous y venez surtout les mains pleines des bénédictions du ciel. Ah ! faites-les jaillir à grands flots les dons célestes ; faites-les jaillir sur toute cette terre que vous aimez de si bon cœur, puisqu'elle vous rappelle et vos affections de famille et les souvenirs innocens du jeune âge. Puis, quand vous serez dans le lieu saint, auprès de ces fonts régénérateurs dont l'eau coula pour vous si généreuse, auprès de cet autel où vous allez monter maintenant comme Pontife, après y être monté enfant comme simple Ministre du sanctuaire, priez pour nous, bénissez-nous.

» Vos bénédictions féconderont, comme une douce rosée, cette terre qui vous est chère à tant de titres ; elles y feront produire des fruits pour la vie éternelle. Alors, comme le divin Sauveur, vous aurez passé parmi nous en faisant le bien ; et l'époque de votre visite, devenue pour la paroisse une époque de joie et de salut, demeurera profondément gravée dans la mémoire de tous, du pasteur comme des fidèles ».

Les assistans n'ont pu entendre ce discours si plein d'images et de pensées, prononcé d'une voix si pénétrante, sans en être profondément impressionnés, et n'eût été le respect que commandait la présence du Pontife, ils se seraient sans doute livrés à de bruyantes démonstrations.

On se presse autour de Monseigneur, chacun veut saisir les premières paroles qui sortiront de sa bouche; il va répondre à cette vive et belle apostrophe.....Il y répond en effet, comme Condé, après la lecture de *Cinna*, par des larmes; comme Bossuet, au moment le plus pathétique de l'une de ses oraisons funèbres, par des sanglots. Quel langage eût été plus éloquent!......

Aussitôt, par un élan sympatique, il se forma dans l'ame de tous les spectateurs, déjà préparée aux saintes et poétiques émotions, *un sentiment profond qui avait quelque chose de doux, d'élevé, de mélancolique et de tendre* (1).

Monseigneur répandit ensuite ses bénédictions sur la foule agenouillée, qui contemplait avec extase les traits si fins de ce compatriote de distinction, et le reconnaissait surtout à son sourire.

MM. le maire et les membres du conseil municipal, dans toute leur pompe, les curés d'alentour, les jeunes filles vêtues de blanc, les sœurs de l'école chrétienne, le magister du village et *tutti quanti*, ont formé le cortége et fait la traversée avec Monseigneur, qui était alors véritablement le centre d'une multitude d'harmonies. Arrivés à la rive gauche, sur la terre même de Chusclan, les habitans n'ont pu retenir leurs acclamations. Après ce premier moment d'enthousiasme, ils se sont avec ordre formés sur deux rangs, et l'on s'est rendu processionnellement à l'Eglise, au son d'un pieux carillon qu'a fait entendre la cloche, hélas! fêlée de la paroisse. Chemin faisant, le Prélat, au milieu du recueillement général, a salué la Croix plantée par le père Bridaine, ce prédicateur célèbre, qui regrettait dans l'église de Saint-Sulpice, au milieu de la plus haute compagnie de la capitale, d'avoir prêché les rigueurs de

(1) Thomas.

la pénitence à des infortunés qui manquaient de pain, d'avoir annoncé aux bons habitans des campagnes les vérités les plus effrayantes de sa religion, d'avoir contristé les pauvres, les meilleurs amis de son Dieu, d'avoir porté l'épouvante et la douleur dans les ames simples et fidèles, qu'il aurait dû plaindre et consoler (1), ce missionnaire simple et modeste, dont Chusclan fut aussi le berceau (2).

L'escorte est entrée dans l'église en passant sous un arc de triomphe chargé d'inscriptions qui rappelaient d'une manière détournée les vertus et les bienfaits de Monseigneur Menjaud. Une d'elles nous a particulièrement frappé :

> « . . . . . . *Cui pudor, et justiciæ soror*
> *Incorrupta fides, nudaque veritas*
> *Quando ullum inveniet parem ?* »

Un poète de Rome païenne avait donc fait, il y a deux mille ans, l'éloge d'un prince de l'église catholique, apostolique et romaine !

Une seconde inscription renfermait un proverbe de Salomon (3) dont la prophétie éclatait aux yeux :

« La sagesse vous élèvera et vous donnera de la gloire quand vous l'aurez embrassée. »

Deux autres inscriptions contenaient des allusions délicates :

I. « Ses aumônes, si bien cachées dans le sein du pauvre,

______

(1) Le cardinal Maury.

(2) « **On assure**, dit La Harpe, qu'il était impossible d'entendre Bridaine sans émotion, et que ces mots de *mort* et d'*éternité*, prononcés par sa voix tonnante, et prolongés dans le silence d'une enceinte religieuse, et dans le recueillement d'une grande assemblée, glaçaient de terreur tous les esprits. »

(3) Ch. 4, v. 8.

ont prié pour lui (1) . . . . Le père qui les a vues dans le secret lui en a rendu la récompense (2). »

II. « Les plus hautes places sont toujours au-dessous des
grandes âmes ; rien ne les enfle ni les éblouit , parce que
rien n'est plus haut qu'elles (3) ».

Un *Te Deum* fut chanté en actions de grâces ; après
cette cérémonie, la foule recueillie accompagna Monseigneur
chez notre respectable curé , heureux et fier parmi tant de
jaloux de lui donner asile, et , par un détour ingénieux, elle
dirigea la marche du prélat vers la maison paternelle, veuve
de ses hôtes , mais pleine du parfum de leurs vertus pa-
triarcales.

Les notables de l'endroit assistaient au banquet offert par
M. le curé. Dans un de ces momens d'épanchement et
d'aimable causerie qu'on devait attendre d'une pareille fête,
celui qui en était l'objet fit le charme des convives par des
récits appropriés à la circonstance , et que rendait attachans
cette bouche d'or d'un nouveau Chrysostôme.

Des toasts furent portés , innocens , il faut le dire, de toute
improvisation.

I. « *A l'alliance de la religion et de la liberté !* »

II. « *Au Roi* , qui a élevé à des postes dignes d'eux l'abbé
Affre , l'abbé Cart et l'abbé Menjaud , cette trinité de bonté,
de sagesse et de génie ! »

III. *A Monseigneur Menjaud!* Messieurs et chers convives , vous reconnaîtrez tous son portrait dans cet éloge
que St Grégoire fait de St Athanase.

« Doux , facile , compâtissant au malheur , adoucissant
» le blâme par un accent de bonté paternelle , donnant
» plus de poids à la louange par le ton de l'autorité, évitant

(1) Eccl. c. 29 , v. 15.
(2) Matth. c. 6 , v. 4.
(3) Massillon.

» la faiblesse et la dureté, remplaçant l'une par la dou-
» ceur, l'autre par la prudence, et toutes deux par la
» sagesse. »

IV. « *A Monsieur le Curé Corrieux !*

« Ses seules actions le peuvent louer !. » (1).

Le lendemain dimanche, *le plus beau, le plus mystérieux et le plus divin des sacrifices* (2) fut offert à l'autel avec une magnificence inaccoutumée : le catéchumène était M. Corrieux, sur les épaules duquel tous les yeux virent avec la plus vive satisfaction le camail d'honneur de la cathédrale de Nancy, dont une main bien chère l'avait revêtu, comme le signe éclatant d'une dignité ecclésiastique réservée au talent et à la vertu : le prêtre n'était rien moins que le saint évêque qui, pour doubler l'éclat de cette auguste cérémonie, avait emprunté toutes les solennités du culte catholique, et semblait *s'être couvert de la lumière comme d'un manteau* (3). A l'instant redoutable où l'agneau descend pour être immolé, notre bouche balbutiait involontairement ces beaux vers de M. de Fontanes :

O moment solennel ! ce peuple prosterné,
Ce temple dont la mousse a couvert les portiques,
Ses vieux murs, son jour sombre et ses vitraux gothiques
Cette lampe d'airain, qui dans l'antiquité,
Symbole du soleil et de l'éternité,
Luit devant le Très-Haut, jour et nuit suspendue ;
La majesté d'un Dieu parmi nous descendue,
Les pleurs, les vœux, l'encens qui monte vers l'autel,
Et de jeunes beautés, qui sous l'œil maternel,

(1) *Laudent eum in portis opera ejus.* Prov. c. 31, v. 31.
(2) Chateaubriand.
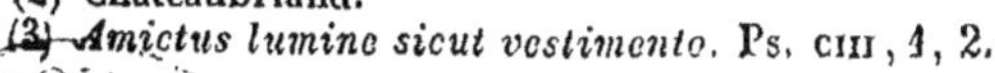
(3) *Amictus lumine sicut vestimento.* Ps. CIII, 1, 2.

Adoucissent encor par leur voix innocente
De la religion la pompe attendrissante ;
Cet orgue qui se tait, ce silence pieux,
L'invisible union de la terre et des cieux,
Tout enflamme, agrandit, émeut l'homme sensible :
Il croit avoir franchi ce monde inaccessible,
Où sur des harpes d'or l'immortel Séraphin,
Au pied de Jéhovah, chante l'hymne sans fin.
Alors de toutes parts un Dieu se fait entendre,
Il se cache au savant, se révèle au cœur tendre ;
Il doit moins se prouver qu'il ne doit se sentir.

Dans l'après-dînée, l'oint du Seigneur visita à pied et sans autre suite que son secrétaire, M. Masson, homme de mérite, ses parens tant de fois comblés de ses bontés, dont il est, comme dit le poète, *grande decus columen que rerum*, et au cœur desquels il sait arriver comme s'ils n'étaient séparés de lui par aucune distance ; il était arrêté à chaque pas dans les rues. Une mère à genoux lui demandait la bénédiction pour son nouveau-né ; un orphelin baisait sa robe avec dévotion ; les uns le remerciaient de sa bienveillance qu'ils mettaient sans gêne à contribution ; tant d'autres versaient des larmes de reconnaissance ; lui, toujours simple,

Répandant les bienfaits et recueillant l'amour (1),

se présentait comme un frère parmi ces bons villageois ; il appelait chacun par son nom, offrait à leurs yeux attendris l'image consolante d'un prêtre qui sait allier, au plus haut degré, la dignité du prélat avec la bonhommie d'un curé

(1) Andrieux.

de village ; pratiquait, enfin, *cet art obligeant qui fait qu'on se rabaisse sans se dégrader, et qui accorde si heureusement la liberté avec le respect* (1).

Les mères de famille avaient eu l'heureuse idée d'envoyer en chœur une pléiade d'enfans auprès de Monseigneur ; il les accueillit, comme Jésus-Christ accueillait les enfans (2). L'orateur de la troupe lui adressa ce compliment, un peu savant pour son âge, et qui faisait peut-être moins d'honneur à son talent qu'à sa mémoire :

« Monseigneur,

» Semblable à ces anges du ciel qui visitaient dans les anciens temps la demeure des hommes, pour les soumettre à des épreuves ou leur apporter des bénédictions, vous nous apparaissez avec l'auréole de votre sainteté et vous adoucissez, par la suavité de vos paroles, ce que la grandeur de votre ministère aurait de trop éclatant à nos yeux.

» Daignez, Monseigneur, nous dire, comme le prophète Isaïe : *Ne crains point, parce que je suis avec toi !* »

L'homme de Dieu ne pouvait oublier de faire un court pélérinage à la maison du père Bridaine, encore debout, telle que l'avait habitée l'humble missionnaire, maison antique et simple qui porte le chaste cachet de sa petitesse et de sa grandeur.

Il pouvait moins oublier encore le cimetière du pays natal, objet du culte de toutes les ames tendres, que la piété filiale lui rendait plus cher. En entrant dans cette humble et dernière demeure, il put s'écrier avec le poète chrétien :

(1) Bossuet.
(2) *Sinite parvulos venire ad me et ne prohibueritis eos.* Marc. c. 10. 5.

« Ah ! dans ces lieux chéris , combien en mon absence
La mort a signalé sa triste diligence !
Que de sujets de pleurs , que de deuils imprévus ,
Et combien de tombeaux que je n'avais point vus (1) ».

Lundi, Monseigneur, accompagné de son cher curé, allait trouver à la fois sur les bords de la Cèze un soulagement aux fatigues de la veille, et des inspirations nouvelles pour la journée; il était dans cette situation d'esprit dans laquelle le poëte , dont les leçons nous étaient si chères (2) , représente l'archevêque de Cambrai :

« Quand du saint ministère ayant porté le poids ,
Il cherchait vers le soir le repos , la retraite ,
Alors , aux champs aimés du sage et du poète ,
Solitaire et rêveur , il allait s'égarer. »

Monseigneur aperçut sur l'autre rive un homme courbé par l'âge , portant le tricorne demi-séculaire et revêtu d'une soutane qui accusait de longs services : Voilà un prêtre de la vieille roche... Quel est-il ? Le cœur du prélat n'en peut longtemps douter, c'est M. Roubaud, l'ancien pasteur de la paroisse qui développa les premiers germes du talent dans l'esprit du jeune Alexis et y jeta les premières semences de la vertu. Monseigneur vole à sa rencontre et le reçoit dans ses bras... *Il eût été bien à plaindre celui qui dans ce beau spectacle n'eût pas reconnu la beauté de Dieu* (3) !

(1) Ch. Loyson.
(2) Andrieux.
(3) Chateaubriand.

Je les vois encore... Monseigneur donne le bras au vieux prêtre et mesure son pas au sien ; jamais hommes de Dieu ne furent unis par des liens ni si tendres , ni si puissans. D'un côté , quelle paternelle affection ! de l'autre , quel cœur , quel respect , quelle soumission ! Pendant que le contemporain d'un autre âge se complaît dans la perspective qui s'ouvre , si harmonieuse , sous les pas du jeune évêque, celui-ci, par une délicate et sainte attention et comme pour masquer aux yeux de son père adoptif le terme fatal où doit bientôt , hélas ! échouer une vie si pleine d'années et de vertus , reporte ses souvenirs sur le passé ; ils abrègent de la sorte le chemin avec cette *douce conversation qui souvent , épanchant le cœur , en fait échapper le secret* (1) et se dirigent lentement vers l'Eglise. Pour nous , témoin de cette chaste étreinte , il nous semblait voir , en jetant un coup-d'œil rétrospectif sur le onzième siècle , le vieux saint Bernard continuant à se livrer aux causeries de l'amitié et aux leçons de l'expérience avec le pape Eugène III, formé sous sa discipline dans le monastère de Clairvaux ; on ne savait en vérité ce qu'il y avait de plus propre à remuer les entrailles ou de cet évêque si reconnaissant envers son précepteur , ou de ce curé, quasi-centenaire , qui allait s'identifier avec son disciple dans l'Esprit-Saint et s'agenouiller dans une commune extase devant le même autel où , trente-six ans auparavant , Jésus-Christ , par la bouche de notre ancien pasteur, dit pour la première fois au jeune néophyte: « *Prenez et mangez , ceci est mon corps qui sera livré pour vous* (2) ».

La journée fut aussi témoin de l'accomplissement des plus doux mystères de la religion. Dès le matin , la cloche ap-

(1) Bossuet.
(2) Luc , **22** , 6.

pelait les fidèles à l'église ; les pères de famille s'y rendaient avec empressement , car leurs enfans devaient y recevoir le sceau du parfait chrétien par la confirmation , ce sacrement qui *renferme la morale entière de la vie* (1). On vit l'apôtre du Seigneur , paré de ses plus beaux ornemens , monter à l'autel pour la célébration du saint mystère , en descendre bientôt pour distribuer de ses mains le froment des anges , invoquer l'Esprit-Saint , le prier de répandre ses dons et ses graces sur les pères et les enfans qui étaient agenouillés à ses pieds , et , la prière finie , s'avancer vers eux et les marquer au front du Chrême du salut. Tous les yeux étaient mouillés de larmes d'une sainte joie ; aussi quand le Pontife eut fait le dernier signe de croix , et que, dans une chaleureuse improvisation , il eut fait passer dans l'ame de ses auditeurs les sentimens de foi vive et d'amour généreux dont la sienne était embrasée , tous les enfans se relevèrent le cœur pénétré , promettant solennellement à Dieu de vivre selon sa loi et de paraître un jour sans tache devant lui (2).

Le soir , les demoiselles de la congrégation qui, moins heureuses que le conseil municipal, le conseil de fabrique et les dames de la paroisse , n'avaient pu être admises samedi auprès de Monseigneur , eurent l'honneur de lui apporter leurs hommages. Sa Grandeur les reçut avec bonté, les complimenta avec grace sur leurs vertus évangeliques , et leur promit de dire la Sainte Messe à leur chapelle , à cette même chapelle où lui autrefois s'était placé sous la protection de la Vierge.

Monseigneur reçut de leurs mains un pain bénit, aux for-

(1) Chateaubriand-
(2) *Sine maculâ enim sunt ante thronum Dei.* S. JEAN. Rév. Ch. 14, v. 5.

mes les plus élégantes , où l'artiste avait dessiné le chiffre
et les insignes de l'évêque.

Les jours suivans furent consacrés à de pieuses excursions : Monseigneur visita entr'autres la chartreuse de Valbonne , si digne d'être chantée par un poète , et laissa dans l'ame des religieux les plus douces et les plus consolantes impressions.

N'oublions pas de dire que notre cher Prélat (car il nous appartient par tous les nœuds qui unissent les cœurs) , se rendit à Cornillon pour pleurer sur la tombe d'un oncle chéri , prêtre vénérable , qui lui avait ouvert la carrière de la science et de la vertu , et fonder , comme le signe d'une reconnaissance qui ne périra pas , un service annuel à la mémoire de ce bienfaiteur de ses premières années.

Monseigneur ne voulut point quitter ces contrées sans célébrer une messe pontificale à Bagnols.

Enfin , quand le jour fatal de la séparation arriva , la population émue se porta à l'église , que l'auguste Prélat avait choisie , pour saisir d'un coup d'œil , ne pouvant la serrer dans ses bras , cette famille à laquelle il allait faire ses adieux ; il laissa couler de ses lèvres un sermon où la sagesse n'excluait pas l'inspiration , remarquable par cette *douceur persuasive et cette touchante insinuation qui rendaient Massillon si puissant sur l'ame des pécheurs* (1). Toujours pur, simple et vrai , il nous fit entendre quelques vérités consolantes, comme pour adoucir l'amertume de nos regrets et , par l'heureuse alliance du naturel et de la grandeur, qualités distinctives de l'éloquence, il électrisa son auditoire, qui ne peut se consoler de son départ que par l'espoir de le retrouver chaque année à la même place.

(1) M. Villemain.

Le soir, lorsque, par une précieuse faveur, il nous fut donné de voir encore une fois l'homme apostolique, il trouva pour chacun de nous, dans le trésor inépuisable de son cœur, ces douces réponses et ces paroles qu'on préfère aux dons (1), et voulut bien entendre, comme un dernier hommage, la lecture des vers suivans qui lui avaient été adressés dans d'autres temps, il est vrai, mais qui étaient merveilleusement appropriés à la solennité du jour :

« Mes Frères, le seul bien, c'est le bien éternel ;
» Au lieu d'être oppresseur, soyez plutôt victime ;
» Le chemin du supplice est le chemin du crime ;
» Le chemin du salut est le chemin du ciel.

   » Pleurer dans son calice,
   » Etre humble et l'adorer,
   » Voilà le sacrifice
   » Que Dieu sait préférer :
   » L'homme qu'aime le Verbe,
   » N'est pas l'homme superbe
   » Qui méprise un brin d'herbe
   » Et rougit de pleurer ».

Voilà bien, Monseigneur, si j'en crois ma mémoire,
Le texte si fécond du discours attachant,
Qui vint mouiller les yeux de tout votre auditoire
Et dont nous garderons le souvenir touchant.

C'était bien là du cœur cette voix pénétrante,
Réveillant les instincts de la foule ignorante,
   Comme la voix de Bossuet ;
C'était ce style pur, clair jusqu'à la surface,

____

(1) *Verbum meliùs quam datum.* Eccl. c. 18. v. 16.

Et qui de Fénélon sait réunir la grace
    A la grace du Paraclet.

Le prisme attendrissant de la terre natale,
Colorant cette voix d'une teinte inégale,
    Lui prêtait des tons inconnus,
Simples comme un discours du bon père Bridaine,
Doux comme le parfum que versa Madelaine
    Sur les pieds sacrés de Jésus.

Et cependant la nef où votre voix si tendre
A tous nos cœurs émus se fit si bien entendre,
    Est un temple de pauvreté,
Triste et nu, sans échos, sans pompe et sans magie !
Tel un vase grossier d'une liqueur choisie
    Fait mieux ressortir la beauté.

Vous nous quittez, hélas !... nous d'un regard humide,
Nous fixerons l'autel, et cette place vide
    Où vous fites couler nos pleurs,
Et nous dirons : « Qu'il aille où la gloire l'appelle !
» La main de Dieu lui garde une palme nouvelle ;
    » Il est plus grand que nos douleurs.

» Il faut que du Seigneur les décrets s'accomplissent,
» Il faut que des mortels tous les genoux fléchissent
    » Devant sa sainte volonté ;
» Qu'à regret son disciple au lieu qui l'a vu naître
» Préfère les honneurs, pour enchaîner peut-être
    » Notre bonheur, sa liberté ! »

BAUQUIER.

Nismes. — Impr. BALLIVET et FABRE,
Rue de l'Hôtel-de-Ville, 11.

www.ingramcontent.com/pod-product-compliance
Lightning Source LLC
LaVergne TN
LVHW012324050726
842524LV00004B/1597